Nicole Durand

DAME NATURE

LE GRILLON

Au cœur de janvier

Dans la maison

A chanté le grillon

Il a signifié

Le printemps en bouton

L'hiver à reculons

Son chant est comme magnifié

C'est tout bon

Et nous aimons.

Je l'écoute, émerveillée

Le grillon s'est trompé de saison

Vite, il a quitté la maison

Je suis contrariée.

FÉVRIER EN PRINTEMPS

Comme chaque année

« Saisons emmêlées »

Est d'actualité :

En février, le romarin

Fleurit dans le jardin

Le froid, il ne craint

Les tempêtes sont là

Chiara et Gloria

Ont fait beaucoup de dégâts.

La végétation

Est en ascension

Et nous remplit d'émotion

L'hiver est doux

Et un peu fou

En printemps, il ranime tout.

CATHY A LARA

Le temps s'est arrêté pour elle

Elle est toujours jeune et belle

Elle prend soin des enfants handicapés

Avec compétence et doigté.

Elle sait créer des liens

A le souci des gens, de leur bien.

Ses petits-enfants qu'elle reçoit

Font sa joie.

Avec Hervé, ils ont beaucoup d'amis

Et forment un couple uni.

À Lara, la nature

Procure une joie pure.

BALADE DANS LES PYRÉNÉES

Au moulin de la Mousquère

Le pont des amoureux

Repose ceux qui errent.

Nous grimpons le chemin sinueux

Vers Estensan, au milieu des terres.

À Azet, le troupeau heureux

Le tableau, vient parfaire.

À travers les feuillus nombreux

Nous montons vers les prairies qui nous sont chères.

Nous nous sentons joyeux.

Les granges d'Arsouès, la chapelle d'Ens n'altèrent

Ce paysage somptueux.

LES ZONES HUMIDES

Les zones humides

Réhabilitées sous l'égide

De l'ADASEA ne sont pas vides.

Elles contiennent des trésors

Que nous découvrons encor et encor :

Des ajoncs, des boutons d'or,

Des libellules, des rainettes

Moins présentes sur notre planète

Forment une belle palette.

Ces zones préservent la biodiversité

Signes d'une nature respectée

Elles ont une grande utilité.

« LA MAISON DANS LA PRAIRIE »

La petite maison

Est nichée au creux des vallons

Le vert domine

La nature a bonne mine.

Les vaches gasconnes

Trouvent l'herbe bonne.

De père en fils, le troupeau

Est devenu de plus en plus gros.

La verte prairie

Par la mare, est embellie

Le viaduc donne au paysage

Une atmosphère sans âge.

LES ÉLEVEURS DE RENNES

Dernier peuple indigène d'Europe, les Sami

Au nord de la Suède, en Laponie

Ont largement conquis

Des territoires très grands

Chassant et pêchant

Et préservant

Les ressources naturelles

Ils ont gardé la nature belle

Avec ses neiges éternelles

Mais il neige de plus en plus

Des zones de pâturage sont perdues

Leurs troupeaux ne seront plus en vue.

LES JARDINIERS DE LA NATURE

Certains agriculteurs ont opté

Pour l'abatis-brûlis, gage de fertilité

Le déplacement des champs

A été itinérant.

Leurs terrasses

Laissent la place

A l'eau et multiplient

Les récoltes de riz.

L'ingéniosité des agriculteurs

S'est révélée à toute heure :

Ils sont les jardiniers d'une nature

Grâce à laquelle ils perdurent.

LE CHEVAL DE LABOUR

Le cheval laboure lentement

Mais sûrement

Il prend son temps.

Affleurent à l'air

Les vers de terre

Petite faune qui nous est chère

Dans le sillon se posent

Les oiseaux et ils osent

Picorer ces délicieuses choses.

Le cheval s'abandonne

Aux caresses bonnes

Que son maître lui donne.

LA CORDÉE DE L'ESPOIR

Avancer malgré la maladie

Une question de vie

Une question de survie.

Le souffle devient court

Mais les compagnes pleines d'amour

S'attendent toujours.

Après la montagne s'offre à elles

Toujours aussi belle

Qui les appelle.

Elles sont dans la confiance

Elles ont conscience

Que le sport permet la résilience.

LA MARCHE DANS LA NATURE

Pendant l'épidémie

La marche dans la nature

M'a permis

D'affronter l'épreuve qui dure.

La nature me remplit.

En marchant, l'écriture

De poèmes a surgi

Cette activité me rassure

Chassant les soucis.

Le bien-être perdure

Au-delà de l'ennui.

Une joie pure

M'élève vers l'infini.

ESCAPADE DANS LES FLANDRES

Les pigeonneaux

Au poivre d'eau

Dévoilent les saveurs

Du terroir avec bonheur.

L'accumulation de débris, la laisse d'eau, aboutit

À former la dune que fixe l'oïa

Végétation qui pousse à hue et à dia.

Des clématites, des églantiers

Côtoient les haies d'arbousiers.

Cormorans, étourneaux, autres oiseaux en migration

Trouvent une aire de repos comme une bénédiction

Entre jardins et paysage

Se déploie le paysage.

Près du seul marais cultivé et habité existant

La confrérie du chou-fleur défend

Le savoir-faire incontesté

Des quelques maraîchers.

Là, la mer du Nord

Offre un beau décor.

LE TEMPS DES ARBRES

Le sol est nourricier

Le sol est forestier

Il est réconcilié

C'est l'odeur du vivant

La vigne enlaçant

Les arbres consentants.

Les végétaux sont complémentaires

Ils se font auxiliaires

Et sont volontaires.

Il faut rester

Dans l'humilité

Signe d'humanité.

VOYAGE EN TASMANIE

En Tasmanie

Koalas, kangourous, walabis

Constituent une nature sauvage

Avec les dauphins, l'on nage.

Les diables noirs

Se laissent voir.

Les rochers remarquables

Sont admirables.

Les aurores australes

Sont aussi belles que les aurores boréales

Dans ce tableau, le temps du rêve

Comme les étoiles ne s'achève.

L'AGROFORESTERIE

L'arbre est au cœur des cultures

Pour une agriculture

Bonne et qui dure

C'est une émotion

Avec son paysage, une relation

Il devient une passion.

Se retrouver avec d'autres agriculteurs

Du lendemain, ne plus avoir peur

Ce mouvement de fond parle de bonheur.

La terre est nourrie

Régénérée à l'ombre de l'arbre béni

Elle portera beaucoup de fruits.

UN MARQUISIEN

Ismaël a relié

À la nage les îles

Marquises où il est né.

Sa nage est tranquille

Dans l'océan bien-aimé

Où il se montrait habile.

Il revient sur la terre où sont gravées

Des raies Manta, des tortues malhabiles

Par les ancêtres respectés.

Ce lien spirituel n'est pas fragile

Pour le Marquisien reconnecté

À la nature : il est même tactile.

LE CHEMIN DE TRAOUES

Après Cadeilhan-Trachère

Suivre le sentier aux buis,

Plantes qui nous sont chères

Traverser le petit pont joli

Et se trouver au pied du village de caractère

Tramezaïgue et son donjon endormi.

Puis descendre à travers les terres

Jusqu'à la colonie

En passant par la passerelle qui espère

Et petit à petit

Par le chemin de naguère

Se diriger vers Saint-Lary.

LA GARDIENNE DE LA FORÊT

En Équateur, Nemo est gardienne

De la forêt Amazonienne

Elle veut protéger ce trésor

Et lutte encor et encor

Contre les prédateurs

Qui veulent lui voler son bonheur.

La forêt disparaît

À cause de l'intérêt

De compagnies pétrolières

Sans aucune barrière.

Nemo vient de remporter

Un succès bien mérité.

LE PRINTEMPS DERRIÈRE LA VITRE

Le printemps est là

Il nous tend les bras

Mais nous ne pouvons pas

L'approcher

Il est confiné

Cadenassé.

Derrière la vitre, nous l'attendons

Nous le regardons

Nous sommes en prison

Il nous éblouit quand même

Je lui dédie ce poème

La nature nous aime.

LA TERRE CHANGE

Le jour se lève chaque matin

Sur un nouveau monde.

La surface de la terre, pour les humains

Augmente grâce aux volcans qui abondent.

Le glacier nourrit la planète comme du pain

Et la rend féconde.

La saltation du sable sous l'effet des alizés lointains

Procède par ondes

Et ne fortifie pas en vain

La forêt amazonienne profonde.

Une pluie de diamants a jailli au loin

La terre a changé en une seconde.

UN COIN DE BRETAGNE

L'agapanthe est l'emblème fleur

De l'île de Bréhat.

Sans voiture ni tracteur

Trois cent cinquante habitants vivent là.

La verrerie donne du bonheur

Le temps est suspendu là-bas.

Les goémoniers sont des passeurs

D'une tradition qui résistera.

Dauphins, phoques gris sont de bons nageurs

Autour de l'île de Modène qui les protégera

Autrefois île de corsaires, d'armateurs.

À Lorient, exulte le bagad.

EXODE

Malgré le confinement

Des parisiens ont fui Paris

Vers les départements

Qu'ils ont envahis.

La campagne, refuge contre les tourments

De la maladie

La nature offrant

Un sûr abri

Généreusement

Contre les soucis

Mais peut-être en essaimant

Le virus non endormi.

LE COTENTIN RÉVÈLE

Les routes étroites ne mènent nulle part

La nature est préservée

Dans « ce bout d'Irlande » campagnard

La mer est sur trois côtés

Les rochers sont pour la plupart

Les plus anciens de France et acérés.

Dans les goélettes, le homard

Bleu du Cotentin est la spécialité.

La bergère et ses broutards

Dans les présalés

Est sur le départ.

Le fenouil sauvage, la menthe poivrée

En tisanes se révèlent nectar.

Grâce au Gulf Stream, le climat est tempéré

Le sentier des douaniers mène au rempart

Dans l'île de Tahitou, protégée.

DANS LE QUARTIER

Pendant le confinement

Je me promène dans le quartier

Le silence est assourdissant

Ponctué de chants de ramier

Les oiseaux sont résistants.

Je cueille le forsythia dans mon panier

Son jaune est éclatant.

Avec lui, le salon sera colorié

Et sera éblouissant.

Je photographie le cerisier

Avec ses bouquets tout blanc

Vite, je note sur mon cahier

Les impressions du moment.

LE JARDIN AU PRINTEMPS

Le jardin tient ses promesses

Au printemps

Le soleil caresse

Les salades généreusement

Les fèves se dressent

Fièrement.

Les oignons avec paresse

Poussent lentement.

Sous la serre, les carottes naissent

Patiemment.

Le jardin s'adresse

Avec jubilation au passant.

LA HAIE

La haie me protège

Des regards indiscrets.

Dans une symphonie d'arpèges

Les habits de printemps, elle revêt

Elle a quitté la neige

Qui la tenait de près.

À ce sortilège

Les oiseaux sont prêts.

Avec joie, Nadège

Peut contempler leur nid désormais

La teinte des œufs rose-beige

Offre un tableau discret.

L'ARDÈCHE

Le petit crapaud protégé

Avec sa pupille en forme de cœur

Témoigne d'une eau non polluée

Au fur et à mesure qu'il se nourrit sans heurt

La rivière devient propre et renouvelée.

L'Ardèche regorge de rivières sauvages avec bonheur

Eau, roche, végétation sont mêlées

En montgolfière, on entend la rumeur

Des villages, on se sent léger

Au-dessus de l'Ardèche pleine d'ardeur

Se dévoile la grotte Chauvet

Nos ancêtres ne semblaient connaître le malheur.

LES JONQUILLES

Les jonquilles émaillaient le sous-bois

Près de la Saouine en émoi

Le ciel exultait de joie

Je cueillais avec bonheur

Ce bouquet de fleurs

Qui égaierait mon intérieur.

Pour nous payer un voyage

Enfants sages

Et d'un autre âge

Nous allions à la gagne

Dans ce pays de cocagne

Direction la Bretagne.

LES ANIMAUX DES CHAMPS

Pendant le confinement

Il n'y a presque plus d'automobiles

Les animaux des champs

Ont envahi les villes

Sangliers, biches, cormorans

Traversent, habiles

Les rues, subrepticement.

Ils sont tranquilles

Et offrent un tableau charmant

Pour les yeux des confinés immobiles :

Ils apportent vraiment

De la douceur comme dans une île.

LA BAÏSE

Elle continue de couler

Inlassablement.

Autrefois, elle faisait transiter

Depuis le plateau de Lannemezan

Les fûts d'armagnac par Saint Léger

Jusqu'à Saint-Jean-Poutge, port d'embarquement.

Les gabarres, depuis les quais, étaient tirées

Par des bœufs, des chevaux, des hommes vaillants

Jusqu'à Bordeaux, bien mérité.

Aujourd'hui, elle conduit seulement

En des croisières très prisées

Les touristes friands

D'activités nature recherchées.

LES JARDINS DE TREMBALA

Les jardins entourent l'hôpital

De Torodi, ce n'est pas banal.

Les malades viennent s'y promener

Et retrouvent la santé :

Légumes et fleurs

Sont un baume pour leur cœur.

Trembala en est le jardinier

Et s'applique comme un écolier

Ma vision s'est réalisée

Et j'en suis toute retournée

Au Niger, en Afrique

C'est magnifique.

EUX, LES ARBRES

Membres de la communauté

Vénérable des vivants

Ils ont des capacités

Sensorielles, le développement

D'une mémoire diversifiée.

Ils sont influents

Sur le climat, c'est prouvé

Ils sont intelligents

Aptes à communiquer.

Leur lien est puissant

Avec la communauté

D'artistes, de philosophes, de botanistes faisant

Entendre leur voix : les arbres sont menacés.

L'ÉTHIOPIE

Sur le lac Tana

Les reflets de l'eau

Au petit matin sont là

Les pêcheurs Keresso

Fabriquent des pirogues avec du papyrus déjà.

Sur les hauts plateaux

Le battage du blé récolté il y a deux mois

Par les zébus est beau.

L'Éthiopie dans « l'Africa »

Est, de l'humanité, le berceau.

À Lalibela

La fête de L'Épiphanie offre le repos.

REFUGE

La nature a bercé mon enfance

Je me réfugiais en elle

Lorsque le cœur pleurait d'abondance

Je la trouvais belle

Elle plantait en moi une semence

De joie à laquelle

Je m'abandonnais avec confiance

Elle me donnait des ailes

Avec sa bienveillance.

Devant mes yeux, une aquarelle

Se dessinait intense

Comme une voix qui appelle.

LA LOZÈRE

Ce département des sources

Et très boisé

À beaucoup de ressources

Entrecoupé de bois, de prés

Où les animaux n'ont pas fini leur course.

Des plateaux hérissés

De rochers, on peut voir la grande Ourse.

Les châtaigneraies en quantité,

Les investissements, remboursent.

Pour y accéder

Des chemins en lacet, c'est l'accourse.

La Lozère est bien méritée.

LES OISEAUX

Ils s'éveillent tôt

Les oiseaux

Leur chant mélodieux

S'élève vers Dieu.

Alors que nous sommes confinés

Nous ne cessons de les écouter.

Ils nous enchantent

Et nous régalent.

Cette parenthèse enchanteresse

Est comme une caresse

Le temps est moins long

Peuplé de cris et de sons

Les oiseaux sont nos amis

Dans cette période indéfinie.

LA NATURE ET L'HOMME

Les animaux et les végétaux nous inspirent

Nous faisons partie du vivant.

Les éponges sont capables de rajeunir

Le martin-pêcheur en plongeant

À permis de construire

Le TGV japonais performant.

Un robot antipollution à l'avenir

Sera créé d'après l'anguille, en l'imitant.

Le monde animal nous montre que servir

Être empathique est enrichissant.

Sera évité le pire

Si nous restons sobres, définitivement.

CHANGEMENT DE CAP ?

L'économie ralentit

La nature a un peu de répit

Les canards envahissent Paris

Les gens à nouveau

Écoutent les oiseaux

Qui leur offrent du repos.

Ils réapprennent les vraies valeurs

Il est l'heure

D'ouvrir son cœur.

Ils rapprivoisent le temps

Plus lentement

Ce ne sera plus comme avant ?

LES IRIS JAUNES

Les iris jaunes

Dans la zone humide

Nous donnent

Dans ces temps arides

Une salutation bonne.

Le printemps est placide

Il ne nous abandonne

La nature est notre guide

Et nous sermonne :

Ne soyons pas avides

Du plus qui nous harponne

N'utilisons plus de pesticides.

LES CHAUVES-SOURIS

Dans le couchant

Les chauves-souris

Volent joyeusement

Elles nous sourient

Malicieusement

Dans un ballet infini

Et puissant.

Les soucis

Présents

S'enfuient

En regardant

Cette danse aboutie.

LA BERGE SAUVAGE AU PRINTEMPS

La berge sauvage

Et autorisée

N'est plus sage

Sous le printemps ressuscité

Elle a tourné la page

De l'hiver passé

Elle offre une image

De beauté retrouvée.

Dans les branchages

Le chant des oiseaux est exalté

Il n'est plus en cage

Il est renouvelé.

DAME NATURE

La nature est résiliente

Ressourçante

Inspirante

Elle est magnifique

Prolifique

Symphonique

Elle est généreuse

Heureuse

Merveilleuse

Elle vit

Elle sourit

Elle supplie

La nature ouvre un chemin

Vers des lendemains

Elle porte l'empreinte du divin.

Éditeur :
Books on DemandGmbH,
12/14 rond-point des Champs Élysées,
75008 Paris, France

Impression :
Books on Demand GmbH, Norderstedt, Allemagne

Corrections et mise en page : Pierre Léoutre

ISBN : 9782322220274

Dépôt légal : avril 2020

www.bod.fr

Avec le soutien de Dialoguer en poésie,
département autonome de l'association Le 122
15 rue Jules de Sardac 32700 Lectoure
06 51 08 36 90 – pierre.leoutre@gmail.com